인기 있는 친구가 되려면 이렇게 말해 봐

 글 **김지선**

현직 초등 교사로 초등 국어 교과서를 집필했습니다. 2023년 미래 교육상 인문 도서 기획 부문 대상을 수상했고, 제20회 황금펜 아동문학상을 수상했습니다.
매일 아이들과 함께 웃고 배우며 재미있고 따뜻한 이야기를 만드는 법을 연구하고 있습니다.

 그림 **이주미**

대학에서 시각디자인을 전공하고, 현재 일러스트레이터이자 그림책 작가로 활동하고 있습니다. 2023년 나미콩쿠르 퍼플아일랜드상을 수상했습니다. 쓰고 그린 책으로는 『아기가 왔다』, 『밥밥밥』, 『옳은손 길들이기』, 『네가 크면 말이야』, 『숲』, 『당신의 가방 안에는?』 등이 있습니다. 그린 책으로는 『새콤달콤 열 단어 과학 캔디 5』, 『푸하하 달리기 클럽』, 『에이아이 내니』, 『돌아갈 수 있을까?』, 『비밀을 들어 주는 대나무 숲』 등이 있습니다.

인기 있는 친구가 되려면 이렇게 말해 봐

글 김지선 | 그림 이주미

인기 있는 친구가 되고 싶은 친구들 모두 모여라! 초등학교 선생님이 알려 주는 말하기 방법을 함께 배워 볼까요?

Mirae N 아이세움

♥ 차례 ♥

1장 학교에서 말하기

1. 또박또박 큰 소리로 자기소개 하기 … 8
2. 차근차근 조리 있게 의견 말하기 … 18
3. 앞장서서 리더십 있게 말하기 … 28

2장 친구와 말하기

1. 친구에게 반갑게 인사하기 … 40

2. 친구에게 고맙다고 말하기 … 50

3. 친구에게 미안하다고 말하기 … 60

4. 친구에게 친절하게 말하기 … 70

5. 기분 나쁘지 않게 거절하기 … 80

6. 친구에게 단호하게 말하기 … 90

3장 선생님에게 말하기

1. 선생님에게 대답하기 … 102

2. 선생님에게 예의 있게 말하기 … 112

3. 선생님에게 상황을 제대로 설명하기 … 122

1장
학교에서 말하기

1.
또박또박 큰 소리로 자기소개 하기

어떤 친구들과 함께 지낼지 무척 궁금하죠? 한 명씩 나와서 자기소개를 해 볼까요?

자기소개…….

작게 말하는 친구

토리가 자기소개를 할 차례야.

친구들 앞에 선 토리는 긴장해서 아무 생각도 나지 않았지.

내 이름은…….

들릴락 말락 한 소리로 이름만 겨우 말하고 후다닥 자리로 돌아갔어.

내 이름은…… 토리야…….

이름이 뭐래?

나도 못 들었어.

횡설수설하는 친구

꽥이는 자기소개를 하다가 당황해서 횡설수설했어.

안녕하세요! 제 이름은 꽥이에요.
어, 저는 수영을 좋아해요.
강에서 수영을 하고 친구랑 놀고
맛있는 거 먹고 수영도 하고…….
앗, 수영 얘기는 방금 했지.

음, 그러니까…….

친구들은 팩이가 무슨 말을 하는지 몰라 어리둥절했어.

결국 팩이는 자기소개를 하는 둥 마는 둥 자리로 돌아왔어.

왜 다들 표정이 이상하지? 잘못 말했나? 창피해!

씩씩하게 자기소개 잘하는 인기쟁이 친구

양순이가 손을 번쩍 들더니 앞으로 나왔어.

친구들이 감탄하며 박수를 쳤어.

"양순이랑 친하게 지내야지."

"우아~."

토리와 꽥이는 떨지 않고 자기소개를 잘하는 양순이가 부러웠어.

"양순이처럼 자기소개를 잘하고 싶다."

"나도!"

♥ 인기 있는 말하기 방법

또박또박 큰 목소리로 자기소개 하기

선생님이 갑자기 자기소개를 시켜서 당황스러웠던 적이 있지?
그럴 땐 인기쟁이 친구처럼 또박또박 큰 소리로 말해 봐.

갑자기 자기소개를 하려면 할 말이 생각나지 않아.
친구들 앞에 서면 가슴이 콩닥콩닥, 머릿속이 하얘져.
너만 그런 게 아니야. 누구나 그래.
먼저 큰 목소리로 이름을 또박또박 말해 봐.
이름만 제대로 소개해도 절반은 성공이야.

내 이름은······.

이름에 담긴 특별한 의미를 말해 봐.

아빠가 별처럼
반짝반짝 빛나라고 제 이름을
'별'이라고 지었대요.

좋아하는 걸 말해 봐.

요즘 두발자전거 타는
연습을 하고 있는데 정말 재미있어요.

재미있는 습관이나 특징을 말해도 좋아.

애벌레를 키우고 있는데,
엄마가 저보고 애벌레 닮아서
느리대요.

잘하는 걸 말해도 좋아.

단, 꿀꺽 삼키면 안 돼!

우물   우물

귤 한 개를 통째로 입에 넣고
우물우물 씹는 걸 잘해요.

아직 떨린다고?
그럼 숨을 크게 들이마시고
천천히 내쉬어 봐.

2. 차근차근 조리 있게 의견 말하기

주장만 하는 친구

얘들아, 바닷속 나라를 상상해서 그리면 어때?

좋아!

꿈틀이는 꼬북이와 생각이 달랐어.

싫어.
난 숲속 나라를 그리고 싶어.
지난번에도 꼬북이 말대로 했잖아.

꼬북이가 다른 친구들에게 의견을 물어보았어.

나는 아무거나 상관없어.

꽥이야, 넌 어때?

아, 싫다고. 꼬북이야, 왜 내 말은 안 들어줘?

꼬북이는 꿈틀이의 말이 당황스러웠어.

아니, 그게 아니라…….

너도 내 말을 안 듣잖아.

흥!

의견이 없는 친구

나한테 의견을 묻지 않았으면 좋겠어…….

양순이가 팩이에게 다시 물었어.

정말 그리고 싶은 게 없어? 잘 생각해 봐.

음……. 숲속도 좋고, 바닷속도 좋아. 난 그림을 잘 못 그려서…….

그러자 다른 친구들도 한마디씩 거들었어.

조리 있게 의견을 말하는 인기쟁이 친구

얘들아, 나한테 좋은 생각이 있어.
이렇게 하면 어때?

다들 양순이의 말에 귀를 기울였어.

뭔데?

얼른 말해 봐.

양순이는 자기의 생각을 조리 있게 말했어.

친구들은 어떻게 그리면 좋을지 너도나도 의견을 말했어.

인기 있는 말하기 방법

차근차근 조리 있게 의견 말하기

내 의견만 주장하거나 반대로 의견을 제대로 말하지 못한 적이 있지?
그럴 땐 인기쟁이 친구처럼 차근차근 조리 있게 의견을 말해 봐.

친구들이 내 의견에 동의해 주지 않으면 섭섭해.
내 의견을 틀렸다고 말하거나 이상하다고 생각할까 봐 걱정돼서
의견을 말하는 게 망설여지기도 하지. 또 딱히 의견이 없을 때도 있어.

친구와 의견이 다를 수 있어.

친구와 의견이 같으면 좋다고 말해 줘.

의견을 말할 때 이유를 설명하면
친구들이 훨씬 잘 이해할 거야.

3.
앞장서서
리더십 있게 말하기

이번 시간에는 모둠별로 축구를 할 거예요. 먼저 모둠장을 뽑아 보세요.

앞장서기 귀찮은 친구

모둠장이 수업 시작 전에 준비물을 준비해 놓아야 한다고?

아, 귀찮아. 설마 나한테 모둠장을 시키진 않겠지?

꿈틀이는 누가 모둠장을 하는지 관심이 없었어. 오직 축구 생각뿐이었지.

빨리 축구 하고 싶은데…….

친구들이 꿈틀이에게 말했어.

꿈틀이가 운동을 잘하니까 모둠장을 하는 건 어때?

그래. 지난번에 호양이가 했잖아.

귀찮은 거 싫어! 가위바위보로 정하자.

친구들은 가위바위보를 해서 진 사람이 모둠장을 맡기로 했어.

와, 꿈틀이만 바위!

가위바위보!

앗! 망했다.

실수할까 봐 앞장서기 싫은 친구

나한테 모둠장을 하라고 하면 어쩌지…….

토리네 모둠 친구들은 서로 눈치만 보고 있었어.

우리 뽑기로 모둠장을 정하자.

좋아. 동그라미를 뽑은 사람이 모둠장!

내가 뽑기 종이를 만들게.

설마 내가 뽑히진 않겠지?

좋아!

친구들이 뽑기 종이를 하나씩 골랐어.

"난 X!" "나도!" '앗, 망했다······.' "오, 예!" "나도 X야."

토리는 걱정이 앞섰어.

'내가 잘할 수 있을까? 실수하면 어떡하지?' '못할 것 같은데······.'

리더십 있게 말하는 인기쟁이 친구

토리야, 걱정하지 마. 선생님이 도와줄게.

친구들이 토리를 걱정스럽게 바라보고 있을 때 꼬북이가 손을 들었어.

얘들아, 이번에는 내가 토리 대신 모둠장을 해 볼게.

모두 놀란 눈으로 꼬북이를 바라보았어.

꼬북이, 멋지다!

나도 잘 못할까 봐 걱정돼.
너희가 많이 도와줘.

토리는 친구들에게 미안했어.

고마워. 다음에
내가 할게.

괜찮아.
같이 잘해 보자.

♥ 인기 있는 말하기 방법

앞장서서 리더십 있게 말하기

앞장서서 친구들을 이끌어야 하는데 귀찮거나 자신이 없어서 망설여질 때가 있지? 그럴 땐 인기쟁이 친구처럼 앞장서서 리더십 있게 말해 봐.

해야 할 일을 잘 모르면 두려운 마음이 들어서 앞장서는 게 싫을 수 있어. 어떤 일을 해야 할지 자세히 알면 그런 걱정이 줄어들 거야. 친구들 앞에 나서서 이끄는 일이 귀찮거나 부끄러워도 한번 용기를 내 봐.

선생님, 모둠장이 무슨 일을 하는지 자세히 알려 주세요.

친구들에게 알려 주려면 피구 규칙을 미리 알아 둬야겠어.

용기를 내서 먼저 한다고 말해 봐.

미루거나 피하지 말고 용기를 내서 먼저 한다고 말해 봐.
처음에는 용기를 내는 게 어렵지만 다음에는 훨씬 쉬울 거야.

작은 일부터 앞장서는 연습을 해 봐.

작은 일부터 시작해 보는 거야. 스스로 쓰레기 줍기, 친구나 선생님한테 먼저 인사하기, 발표할 때 번쩍 손 들기처럼 어렵지 않은 일부터 도전해 봐.

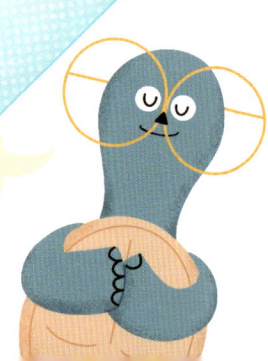

2장
친구와 말하기

1. 친구에게 반갑게 인사하기

앗, 아지랑 호양이다!

먼저 인사하기 부끄러운 친구

먼저 인사하는 게 왠지 쑥스러워······.

코롱이는 등굣길에 학교 앞에서 반갑게 이야기하는 호양이와 아지를 보았어.

둘이 친한가 봐.

어제 내가 빌려준 책 읽어 봤어?

응, 재밌더라.

코롱이는 인사할까 말까 머뭇거렸어.

둘이 재미있게 이야기하는데 인사해도 될까?

코롱이가 고민하는 사이 친구들은 학교로 들어갔어.

나도 같이 이야기하고 싶은데…….

반갑게 인사하지 않는 친구

곰실이가 꼬북이에게 반갑게 인사했어.

꼬북이는 곰실이를 보고 고개만 까닥였어.

까닥

뭐지? 꼬북이는 내가 반갑지 않나?

곰실이는 그런 꼬북이의 모습에 기분이 상했어.

체, 기분 나빠!

어휴, 인사했으면 민망할 뻔했네…….

반갑게 인사하는 인기쟁이 친구

양순이가 꼬북이에게 물었어.

꼬북이야, 무슨 일 있어?
기분이 안 좋아 보여.

아침에 늦게
일어나서 엄마한테 혼났어.
그래서 기분이 별로 안 좋아.

양순이가 꼬북이를 위로했어.

"속상했겠네……. 나도 그런 적 있어."

"그래? 나만 그런 게 아니구나. 네 말을 들으니 기분이 좀 나아진다."

양순이는 교실에 들어온 다른 친구들에게도 반갑게 인사했어.

"아지야, 호양이야, 안녕!"

"안녕!"

"안녕!"

♥ 인기 있는 말하기 방법

먼저 반갑게 인사하기

친구에게 인사하기 어색하거나 쑥스러웠던 적이 있지?

그럴 땐 인기쟁이 친구처럼 먼저 반갑게 "안녕!"이라고 인사해 봐.

친구에게 인사하는 게 어색하고 쑥스러울 수 있어.
또 용기 내어 인사했는데 친구가 인사를 받지 않아서 속상할 때도 있지.
마침 친구가 딴생각을 하고 있었거나 네가 인사하는 걸
못 보았을 수 있으니 너무 속상해하지 말자.

어색할 땐 날씨를 말하면서 인사해 봐.

친구에게 관심을 표현하며 인사해 봐.

친구의 기분을 물어봐도 좋아.

인사했는데 친구가 그냥 지나쳤다고?
다음에 인사할 때는 친구와 눈이 마주친 후에 인사해 봐.

2. 친구에게 고맙다고 말하기

이번 미술 시간에는 자기 얼굴을 그려 볼 거예요. 사진을 가져오라고 했죠? 사진 속 얼굴을 보고 도화지에 그려 보세요.

고맙다는 말을 안 하는 친구

곰실이는 꼬북이에게 크레용을 빌려달라고 했어.

고맙다는 말을 망설이는 친구

마침 코롱이 옆을 지나가던 호양이가 지우개를 주워 줬어.

코롱이는 지우개를 주워 준 호양이에게 고맙다고 말하고 싶었어.

코롱이는 망설이다가 결국 아무 말도 못했어.

고맙다고 말하는 인기쟁이 친구

양순이는 생각난 듯 호양이에게 말했어.

양순이와 호양이가 말하는 걸 코롱이도 들었어.

코롱이는 고맙다는 말을 꼭 해야겠다고 생각했지.

인기 있는 말하기 방법

늦더라도 고맙다고 말하기

친구에게 고맙다는 말을 제대로 못한 적이 있지? 친구에게 고마운 일이 있을 땐 인기쟁이 친구처럼 늦더라도 꼭 고맙다고 말해 봐.

친구에게 물건을 빌리거나 도움을 받았을 때 바로 고맙다고 말하지 못할 때도 있어. 너무 사소한 일이라 말하지 않아도 친구가 알 거라고 생각할 수도 있고, 말하는 걸 깜박 놓칠 수도 있지. 늦더라도 친구에게 고마운 마음을 표현해야 한다는 걸 잊지 마.

사소한 일이라도 친구에게 고맙다고 말해 봐.

고맙다는 말은 늦더라도 꼭 하는 게 좋아.

3. 친구에게 미안하다고 말하기

미안하다고 말하지 않는 친구

아지가 화장실을 가려고 서두르다가 꼬북이의 필통을 떨어뜨렸어.

아지는 약간 억울한 마음이 들었지만 떨어진 연필과 필통을 주웠어.

자, 여기! 됐지?

아, 응.

왜 미안하다고 안 하지?

꼬북이는 아지가 미안하다고 말하지 않아서 기분이 나빴어.

미안하다고 말해야지!

뭐라고? 내가 다 주워 줬잖아.

변명만 하는 친구

곰실이가 지나가다가 모르고 꾸리의 발을 밟았어.

아야!

왜?

꾸리는 아프다고 화를 내며 말했어.

네가 내 발을 밟아서 아프잖아!

몰랐어.
일부러 그런 것도 아닌데
왜 그렇게 화를 내?

큰 소리가 나자 친구들이 모여들었어.

뭐야, 뭐야?

왜 그래?

미안하다고 말하는 인기쟁이 친구

쉬는 시간이 끝나자 서둘러 자리로 돌아가던 토리와 꼬북이가 부딪치고 말았어.

아침부터 기분이 좋지 않았던 꼬북이는 버럭 소리를 질렀어.

오늘 왜 이렇게 나쁜 일만 생기지?

앞을 보고 다녀야지!

꼬북이야, 미안해······.

토리가 먼저 미안하다고 말하자 꼬북이의 화난 마음도 눈 녹듯이 사라졌어.

급하게 내 자리로 돌아가다가 못 봤어. 아팠지? 정말 미안해.

나도 못 봤어. 미안해.

♥ 인기 있는 말하기 방법

미안하다고 말하기

친구에게 실수하거나 잘못한 적이 있지?

그럴 땐 인기쟁이 친구처럼 바로 미안하다고 말해 봐.

친구에게 실수하거나 잘못했을 땐 빨리 미안하다고 말하는 게 좋아.
때로는 친구가 오해해서 억울할 때도 있어.
그럴 땐 친구에게 침착하게 설명하고 오해를 풀어야 해.
친구가 화를 낸다고 무조건 사과할 필요는 없어.
그럴 땐 같이 화내지 말고 친구의 얘기를 잘 들어 보자.

잘못을 빨리 인정하고 진심으로 미안하다고 말해 봐.

 필통을 떨어뜨려서 미안해.

 내 사과를 받아 줄래?

실수하거나 잘못한 것을 몰랐을 때는
변명하지 말고 잘 몰랐다고 솔직하게 말해 봐.

중요!
누구나 실수할 수 있다는 걸
잊지 마!

미안하다고 말해도
친구가 화를 낸다고?
화가 나면 다른 사람의 말을
잘 듣지 못할 수도 있어.
친구의 화가 가라앉은 다음
다시 말해 봐.

4.
친구에게
친절하게 말하기

아지에게 무슨 일이 있나?

속상한 친구에게 어떻게 말할지 모르는 친구

코롱이는 아지 옆에서 서성이며 어쩔 줄을 몰랐어.

어떻게 말해야 할지 몰라 고민했어.

도와줘야 하지 않을까?

참견한다고 싫어할지도 몰라.

뭐라고 말하지?

그때 교실로 들어온 친구들이 아지에게 물었어.

아지야, 왜 그래?

무슨 일 있어?

괜찮아?

속상한 친구에게 핀잔주듯 말하는 친구

"얘들아, 안녕?"

마침 꾸리도 교실에 들어왔어.

"아지야, 왜 그래? 무슨 일 있어?"

"신발장에 둔 실내화가 없어졌어."

그러자 꾸리가 웃으며 별일 아니라는 듯 핀잔주며 말했어.

꾸리의 말에 아지가 울음을 터트렸어.

속상한 친구에게 친절하게 말하는 인기쟁이 친구

호양이는 아지를 도와줄 방법을 찾으려고 했어.

"정말 속상하겠다. 선생님에게 말했어?"

"아니, 아직."

잠시 후 호양이가 실내화 한 켤레를 가져왔어.

"선생님이 일단 이거 신고 있으래. 실내화는 수업 끝나고 나랑 같이 찾아보자."

"고마워!"

♥ 인기 있는 말하기 방법

속상한 친구에게 친절하게 말하기

속상한 친구에게 어떻게 말해야 할지 모를 때가 있지?

그럴 땐 인기쟁이 친구처럼 친절하게 말해 봐.

친구에게 속상한 일이 있을 때 어떻게 말해야 할지 잘 모를 수 있어.
괜히 친구를 더 속상하게 할까 봐 걱정되기도 하지.
하지만 친구에게 먼저 관심을 가지고 도움이 필요한지 물어보는 게 좋아.
친절한 말 한마디가 친구에게 큰 위로가 될 수 있거든.
중요한 건 친구를 걱정하는 마음이라는 걸 잊지 마.

친구의 기분을 공감해 주는 게 중요해.

친구가 속상할 때 먼저 다가가서 친구의 기분을 물어보고 공감해 주면 친구의 기분도 훨씬 좋아질 거야.

친구에게 도움이 필요한지 물어봐.

친구가 속상할 때 혹시 도움이 필요한지 물어보면 친구에게 큰 힘이 될 거야.

5.
기분 나쁘지 않게 거절하기

토리야, 얼른 가자.
꼬북이가 해 줄 얘기가 있대.

응? 무슨 얘기?

거절하지 못하는 친구

꼬북이는 신이 나서 친구들에게 어제 있었던 일을 얘기했어.

토리가 자꾸 반대 방향을 힐끔거리자 꼬북이가 물었어.

토리야, 내 얘기 듣고 있어?

어? 응······.

그때 토리의 핸드폰이 울렸어. 엄마한테 온 전화였지.

그랬구나.

그러니까, 그래서, 그랬다니까!

어쩌지? 엄마한테 혼나겠다.

기분 나쁘게 거절하는 친구

"아지야~."

조랑이가 신이 나서 말했어.

"우리 집에서 종이접기 할래?"

"종이접기?"

아지는 핸드폰에서 눈을 떼지 않고 말했어.

종이접기 재미없는데…….

재미있는데…….

아지는 조랑이가 속상한 줄도 모르고 핸드폰만 보면서 가 버렸어.

난 집에 가서 게임 할 거야. 안녕!

쳇, 너무해.

기분 나쁘지 않게 거절하는 인기쟁이 친구

♥ 인기 있는 말하기 방법

기분 나쁘지 않게 거절하기

친구의 부탁을 거절하지 못해서 곤란했던 적이 있지?
그럴 땐 인기쟁이 친구처럼 기분 나쁘지 않게 거절해 봐.

친구의 부탁을 거절하는 건 정말 어려운 일이야.
거절하면 친구가 실망하거나 속상할까 봐 걱정되기도 해.
하지만 기분 나쁘지 않게 거절하면 친구도 이해해 줄 거야.

거절할 때는 '미안하지만'이라고 먼저 말해 봐.
그러면 친구의 기분이 덜 상할 거야.

미안하지만
지금은 안 돼.

미안하지만
하고 싶지 않아.

거절하는 이유를 설명해 주면 친구도 이해해 줄 거야.

내일 같이 놀자.
오늘은 동생이랑
놀기로 약속했어.

미안하지만
오늘은 치과에
가야 해.

거절하는 게 아직 어렵다고?
거절할 때는 진심을 담아
미안한 표정을 지으며 말해 봐.

6. 친구에게 단호하게 말하기

친구가 놀려도 아무 말 못하는 친구

팩이는 까몽이한테 놀리지 말라고 말하고 싶었지만 꾹꾹 참았어.

까몽이가 계속 놀리자 꽥이는 아무 말도 못하고 울음을 터뜨렸어.

으아아아앙!

울보 맞네.

까몽이는 꽥이가 울어도 아랑곳하지 않고 놀렸어.

으아앙!

뭐, 이런 걸로 우냐!

친구가 놀리면 소리를 지르는 친구

쿵쿵거리던 까몽이가 코를 막으며 말했어.

악! 방귀 냄새! 꼬북이가 방귀 뀌었나 봐!

뭐? 아니야.

방귀라는 말에 주변 친구들이 꼬북이를 쳐다봤어.

진짜야?

꼬북이는 방귀쟁이래요!

냄새나는 것 같은데?

방귀 안 뀌었어!

까몽이가 계속 놀리자 화가 난 꼬북이가 소리를 버럭 질렀어.

아니라니까!

앗, 깜짝이야!

놀리는 친구에게 단호하게 말하는 인기쟁이 친구

얘들아, 무슨 일이야?

까몽이가 놀려서 꼬북이가 화났어.

화가 난 꼬북이는 여전히 씩씩거렸어.

계속 방귀쟁이라고 놀리잖아!

까몽아, 그만해.

그냥 장난 좀 친 거야!

늘 까불대는 까몽이가 이번에는 꿈틀이를 놀렸어.

그러자 꿈틀이가 단호하게 말했어.

인기 있는 말하기 방법

단호하게 하지 말라고 말하기

친구가 자꾸 놀려서 화난 적이 있지?

그럴 땐 인기쟁이 친구처럼 단호하게 하지 말라고 말해 봐.

친구가 놀리면 화나는 건 당연해.
눈물이 나다가 결국 참지 못하고 소리를 빽 지르기도 하지.
너무 화나고 답답해서 친구를 때리고 싶을 수도 있어.
그럴 땐 숨을 한번 크게 들이마신 후 단호하게 그만하라고 말해야 해.

친구가 놀리면 단호하고 냉정하게 말해야 해.

흥분하거나 화내면 친구가 더 놀릴 수도 있어.

네가 자꾸 울보라고 놀리니까 정말 기분이 나빠.

자꾸 놀리면 선생님에게 말할 수밖에 없어.

친구가 계속 놀리면 자리를 피하고 선생님에게 도움을 요청해.

놀리지 말라고 말해도 계속 놀리는 친구도 있어. 그럴 땐 참지 말고 꼭 선생님에게 말해.

친구에게 단호하게 말할 때는 눈에 힘을 주고 친구를 똑바로 쳐다보며 말하는 거야. 알겠지?

3장
선생님에게 말하기

1. 선생님에게 대답하기

오늘은 여러분이 좋아하는 책을 골라 보세요.

선생님이 물어도 대답하지 않는 친구

선생님은 코롱이에게 다가갔어.

선생님은 코롱이에게 책을 한 권 골라 주었어.

선생님은 아무 말도 하지 않는 코롱이의 속마음이 궁금했어.

선생님에게 싫다고만 말하는 친구

선생님이 책을 고르지 않은 고슴이에게 물었어.

선생님은 고슴이에게 책을 여러 권 추천해 주었어.

뭐든 싫다는 고슴이의 대답에 선생님은 한숨을 푹 쉬었어.

선생님에게 대답을 잘하는 인기쟁이 친구

♥ 인기 있는 말하기 방법 ★

선생님에게 대답을 잘하기

선생님이 갑자기 물어보면 어떻게 말할지 몰라 당황한 적이 있지?

그럴 땐 인기쟁이 친구처럼 대답을 잘해 봐.

선생님이 갑자기 질문을 하거나 의견을 물으면 당황해서 아무 말도 못할 때가 있지. 하지만 아무 말도 안 하면 선생님은 네가 무슨 생각을 하고 있는지 알 수 없어.
그럴 땐 천천히 생각해 보고 솔직하게 대답해 보는 거야.
선생님은 언제나 마음을 열고 기다리고 있다는 걸 잊지 마.

선생님이 물어보면 어려워하지 말고 이렇게 대답해 봐.

네!
선생님.

선생님,
생각해 보고
말씀드릴게요.

선생님,
잘 모르겠어요.
가르쳐 주세요.

저는 이 그림책이
더 좋아요.

선생님에게 말하는 게 아직 어렵다고?
선생님과 눈을 마주치고 미소를 지어 봐. 선생님과
친해지면 말하는 게 훨씬 쉬울 거야.

2. 선생님에게 예의 있게 말하기

오늘은 줄넘기를
배울 거예요.
먼저 뛰는 동작부터
연습해 볼까요?

선생님에게 반말하는 친구

아, 집에 가고 싶다.

친구들이 고슴이를 불렀어.

고슴이야, 같이 줄넘기하자.

귀찮은데…….

고슴이는 몇 번이나 시도했지만

앗! 또 걸렸네.

자꾸 줄이 발에 걸렸어.

에잇!

선생님이 고슴이에게 다가와 말했어.

처음부터 잘하는 사람은 없어.

줄을 너무 세게 돌리지 말고 부드럽게~.

싫어! 안 할 거야!

선생님에게 까불거리는 친구

선생님은 줄넘기하는 법을 차근차근 가르쳐 주었어.

선생님에게 예의 있게 말하는 인기쟁이 친구

인기 있는 말하기 방법

선생님에게 예의 있게 말하기

선생님에게 궁금한 걸 물어보거나 말할 때가 있지?
그럴 땐 인기쟁이 친구처럼 예의 있게 말해 봐.

모르는 건 부끄러운 일이 아니야. 선생님은 우리가 모르는 걸
언제나 알려 주고 싶어 한다는 걸 잊지 마.
또 친구들도 모를 수 있어.
네가 용기 내어 선생님에게 물어보면 친구들도 고마워할 거야.

모르는 걸 선생님에게 묻기 전에 친구에게 먼저 물어봐도 좋아.

친구도 모른다고 하면 그때 선생님에게 물어보자.

선생님에게 물어볼 때는 예의 있게 말하자.

아직 선생님에게 물어보는 게 어렵다고? 그럼 손을 번쩍 드는 연습부터 해 보자.

3. 선생님에게 상황을 제대로 설명하기

선생님에게 설명하는 걸 어려워하는 친구

선생님에게 말하기 어려운데…….

토리는 곰실이와 꾸리가 싸우는 것을 물끄러미 바라만 보았어.

난 싸움을 말릴게.

양순아, 선생님에게 꼭 말해야 할까?

토리가 망설이자 양순이가 거듭 부탁했어.

토리야, 부탁해.

응…….

교실로 가는 토끼의 발걸음이 무거웠어.

선생님에게 뭐라고 말하지?
설명을 잘해야 할 텐데…….

교실

상황을 제대로 설명하지 못하는 친구

토리가 교실 앞에서 망설이고 있을 때 꽥이가 달려와 교실 문을 벌컥 열고 들어갔어.

꽥이는 손짓발짓하며 숨이 넘어갈 듯 말했어.

상황을 제대로 설명하는 인기쟁이 친구

이어서 놀이실에서 있었던 일을 차근차근 설명했어.

선생님은 그제야 놀이실에서 일어난 일을 제대로 알 수 있었지.

♥ 인기 있는 말하기 방법

선생님에게 상황을 제대로 설명하기

선생님에게 상황을 설명해야 할 때 어떻게 말해야 할지 몰라 당황한 적이 있지?
그럴 땐 당황하지 말고 인기쟁이 친구처럼 상황을 차근차근 제대로 설명해 봐.

친구끼리 다툰 일을 선생님에게 말하기 어려울 수 있어.
괜히 선생님에게 말했다가 친구들이 혼날까 봐 걱정되기도 하지.
하지만 도움이 필요할 땐 선생님에게 바로 말해야 해.

내 장난감을 망가뜨렸잖아!

선생님에게 설명할 때는
'**누가, 무엇을, 어떻게 했는지**' 순서대로 정리해서 말하는 거야.

누가?		해찬이가
무엇을?		지우의 장난감을
어떻게?		실수로 떨어뜨려 망가뜨렸어요. 그래서 지우랑 해찬이가 싸웠어요.

우리가 실수하거나 잘못해도 선생님은 언제나 우리 편이라는 걸 잊지 마!

인기 있는 친구가 되려면 이렇게 말해 봐
_친구들과 선생님에게 자신 있고 예의 있게 말하기

글 김지선 | 그림 이주미

펴낸날 2025년 11월 24일 초판 1쇄, 2026년 1월 10일 초판 3쇄
펴낸이 신광수 | **출판사업본부장** 강윤구 | **출판개발실장** 위귀영
아동인문파트 김희선, 박인의, 설예지, 이현지 | **출판디자인팀** 최진아, 강륜아 | **디자인 진행** 이아진
출판기획팀 정승재, 김마이, 박재영, 이아람, 전지현
출판사업팀 이용복, 민현기, 우광일, 김선영, 이강원, 허성배, 정유, 정슬기, 정재욱, 박세화, 김종민, 정영묵
출판지원파트 이형배, 이주연, 이우성, 전효정, 장현우
펴낸곳 (주)미래엔 | **등록** 1950년 11월 1일(제16-67호)
주소 서울특별시 서초구 신반포로 321
전화 미래엔 고객센터 1800-8890
팩스 (02)541-8249 | **홈페이지 주소** www.mirae-n.com

ISBN 979-11-7548-194-7 74190
　　　979-11-7548-195-4 (세트)

ⓒ 김지선, 이주미 2025

책값은 뒤표지에 있습니다.
파본은 구입처에서 교환해 드리며, 관련 법령에 따라 환불해 드립니다.
다만, 제품 훼손 시 환불이 불가능합니다.

KC마크는 이 제품이 공통안전기준에 적합하였음을 의미합니다.
사용연령: 8세 이상